בַּמִסְעָדָה

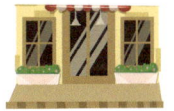

בֵּית הַסֵּפֶר

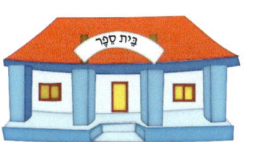

בַּסָּפָארִי

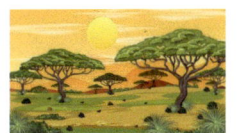

הַגַּנָּן

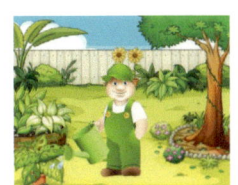

פַּארְק הַמַּיִם

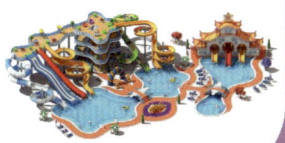

בַּמִּסְעָדָה

My Hebrew Playground
Learning Hebrew through play

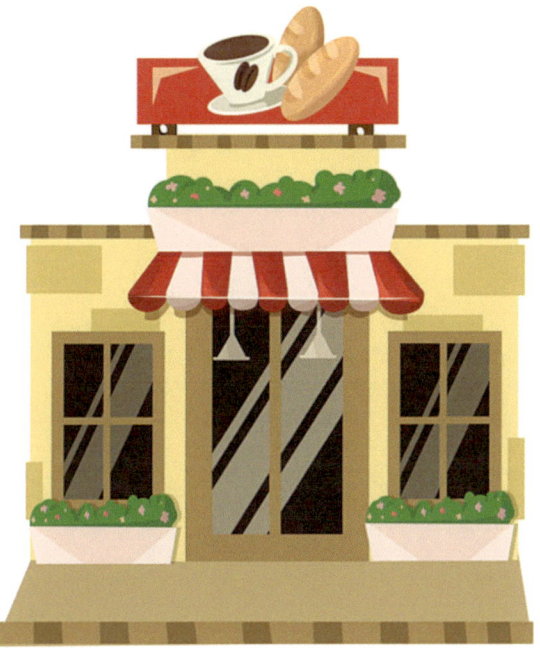

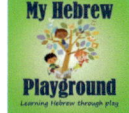

הַמִּשְׁפָּחָה שֶׁלִּי
הָלְכָה לַמִּסְעָדָה.

בָּא הַמֶּלְצַר.

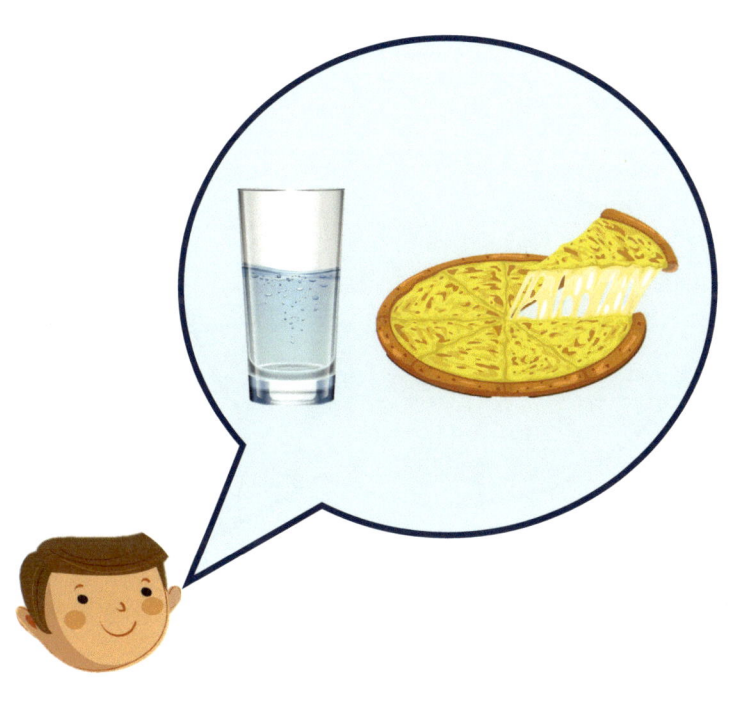

אַבָּא שֶׁלִּי הִזְמִין פִּיצָה
אַבָּא הִזְמִין גַּם מַיִם.

אִמָּא שֶׁלִּי הִזְמִינָה
סָלָט וְקָפֶה.

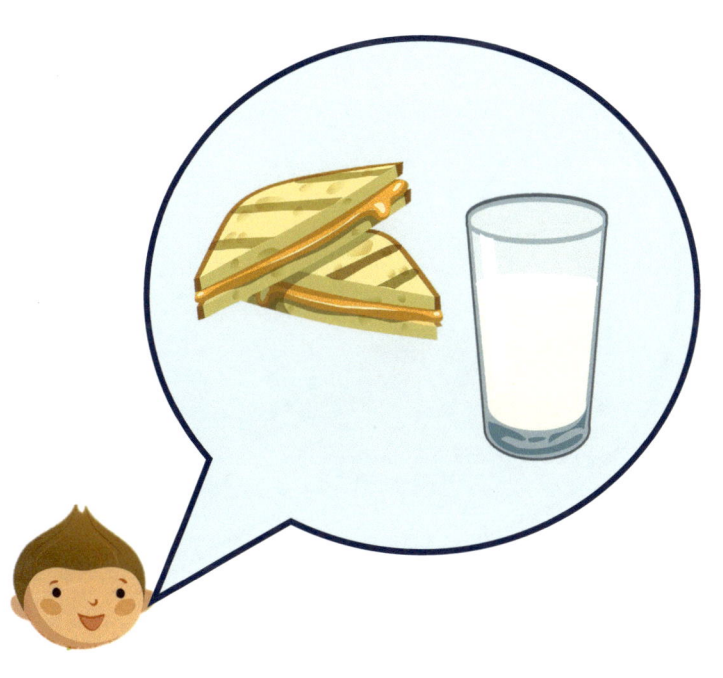

אָח שֶׁלִּי הִזְמִין
כָּרִיךְ גְּבִינָה וְחָלָב.

וַאֲנִי הִזְמַנְתִּי פַּסְטָה וְתֶה.

הַמֶּלְצַר רָשַׁם אֶת הַהַזְמָנָה עַל הַדַּף.

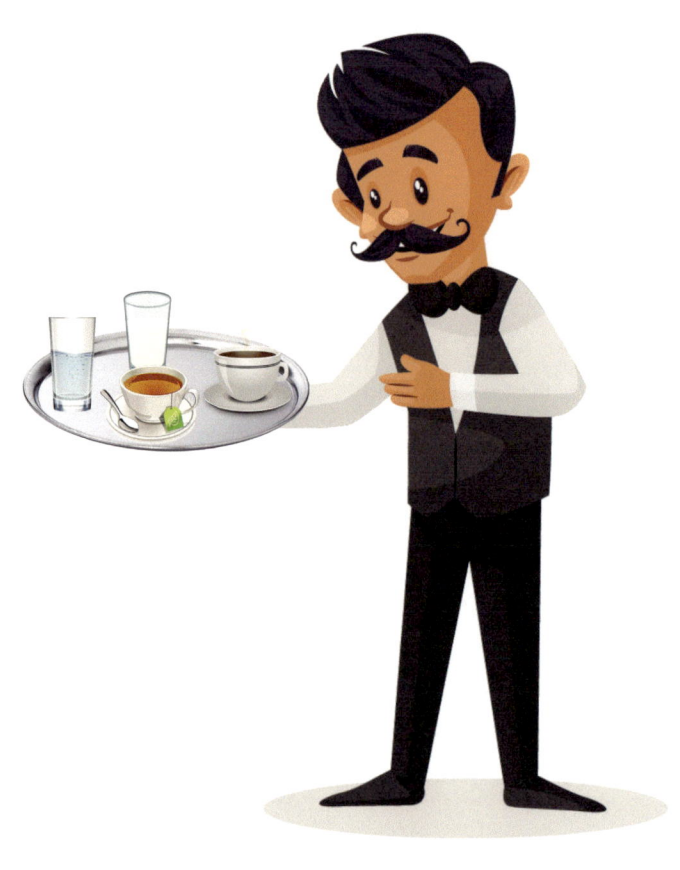

הַמֶּלְצַר חָזַר עִם הַשְּׁתִיָּה.

הַמֶּלְצַר חָזַר עִם
הַסָּלָט וְהַפַּסְטָה.

הַמֶּלְצַר חָזַר עִם
כָּרִיךְ הַגְּבִינָה וְהַפִּיצָה.

אַחֲרֵי זֶה, אַבָּא קָנָה לִי וְלָאָח שֶׁלִּי גְּלִידָה.

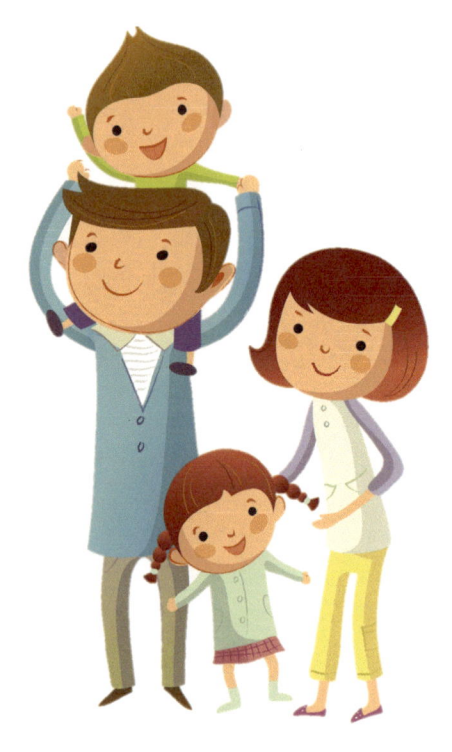

הָיָה לִי כֵּיף וְגַם טָעִים
עִם הַמִּשְׁפָּחָה שֶׁלִּי.

מִילִים חֲדָשׁוֹת

מִשְׁפָּחָה	כָּרִיךְ	חָזַר
שֶׁלִּי	אֲנִי	עִם
מִסְעָדָה	הִזְמַנְתִּי	שְׁתִיָּה
מֶלְצַר	תֵּה	אַחֲרֵי
פִּיצָה	רָשַׁם	זֶה
הִזְמִינָה	אֶת	לִי
קָפֶה	הַזְמָנָה	כֵּיף
אָח	דַּף	טָעִים

www.My Hebrew Playground.com
Learning Hebrew through play

בֵּית הַסֵּפֶר

My Hebrew Playground
Learning Hebrew through play

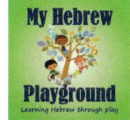

לְאֶרֶז יֵשׁ תִּיק בֵּית סֵפֶר חָדָשׁ.

בַּתִּיק יֵשׁ סְפָרִים וְקַלְמָר.

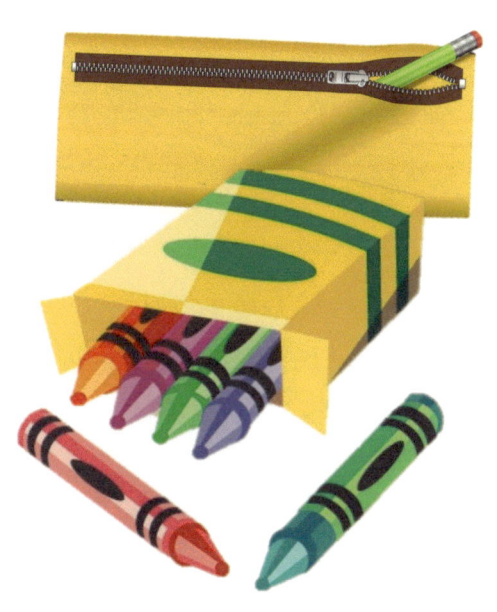

בַּקַּלְמָר יֵשׁ צְבָעִים.

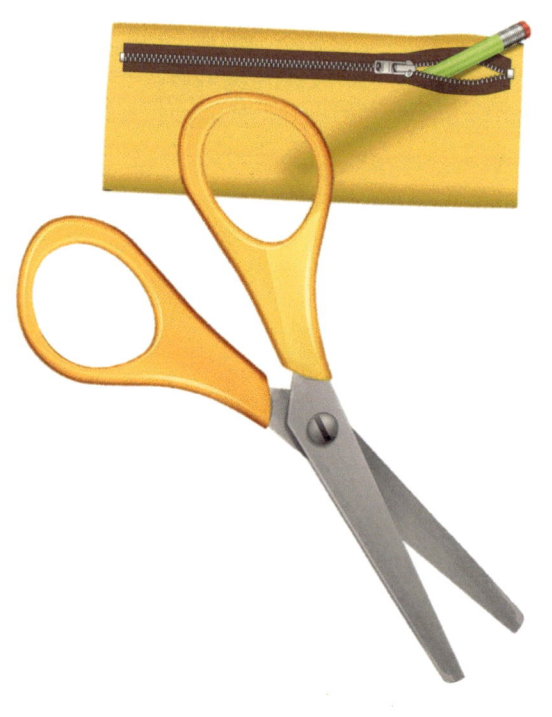

בַּקַּלְמָר יֵשׁ מִסְפָּרַיִם.

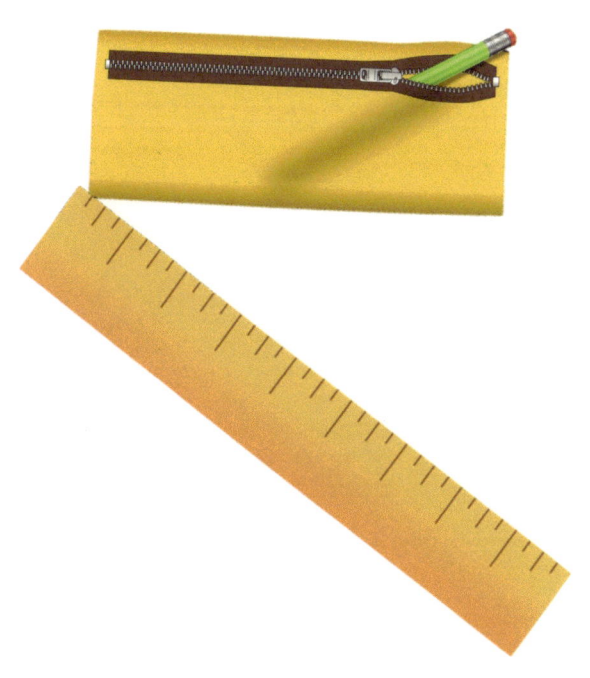

בַּקַלְמָר יֵשׁ סַרְגֵּל.

בַּקַּלְמָר יֵשׁ גַּם דֶּבֶק.

אֶרֶז לָקַח אֶת הַתִּיק לְבֵית הַסֵּפֶר.

בַּכִּתָּה אֶרֶז קָרָא סֵפֶר

וְגַם כָּתַב בַּמַּחְבֶּרֶת.

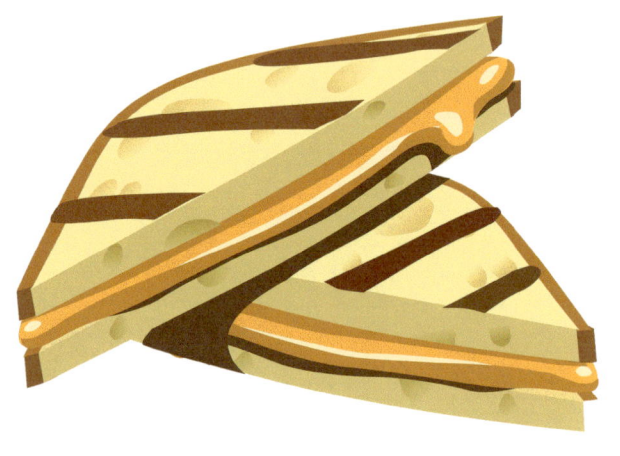

בַּהַפְּסָקָה אֶרֶז אָכַל כָּרִיךְ.

וְגַם שִׂחֵק עִם חֲבֵרִים בֶּחָצֵר.

אֶרֶז אָמַר:
"כֵּיף בְּבֵית הַסֵּפֶר!"

מִילִים חֲדָשׁוֹת

אֶרֶז	מִסְפָּרִים	מַחְבֶּרֶת
יֵשׁ	סַרְגֵּל	הַפְסָקָה
תִּיק	דֶּבֶק	שִׂחֵק
בֵּית סֵפֶר	כִּתָּה	חֲבֵרִים
סְפָרִים	קָרָא	חָצֵר
קַלְמָר	סֵפֶר	אָמַר
צְבָעִים	כָּתַב	

www.My Hebrew Playground.com
Learning Hebrew through play

בַּסָּפָארִי

My Hebrew Playground
Learning Hebrew through play

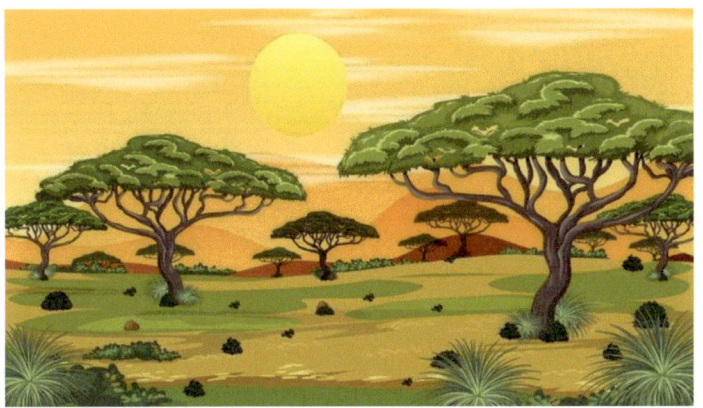

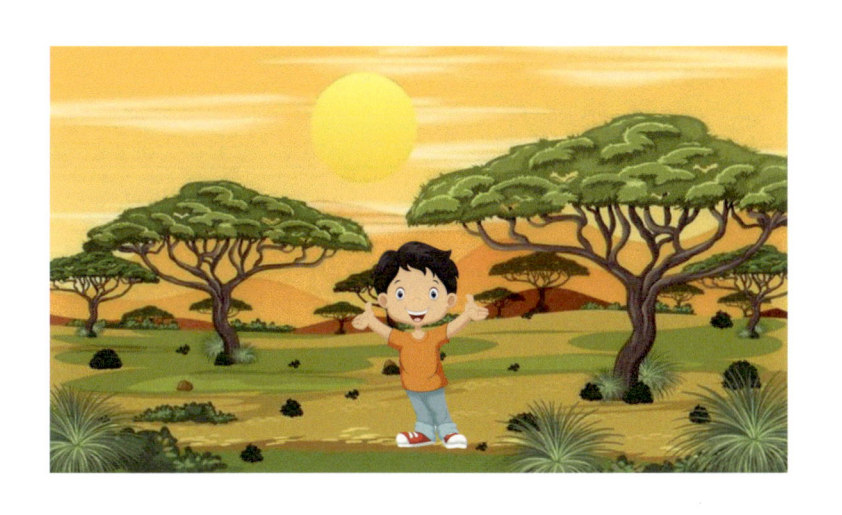

עָמִית בִּקֵּר בַּסָּפָּארִי.

עָמִית נָסַע בְּרֶכֶב סָפָארִי.

עָמִית רָאָה הַרְבֵּה
בַּעֲלֵי חַיִּים.

עָמִית רָאָה אֶת הָאַרְיֵה
עַל הַסֶּלַע

וְאֶת הַגִּ'ירָפָה לְיַד הָעֵץ.

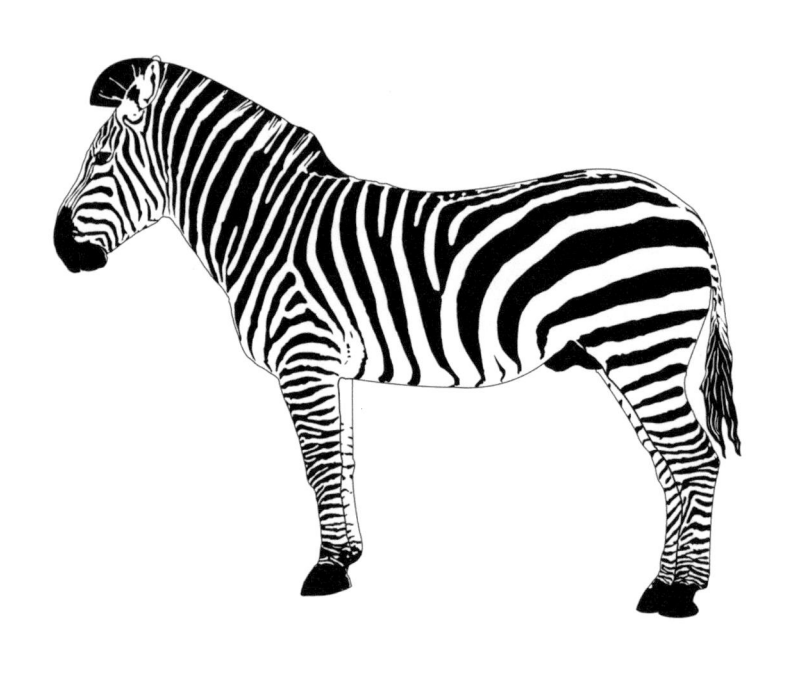

עָמִית רָאָה זֶבְּרָה

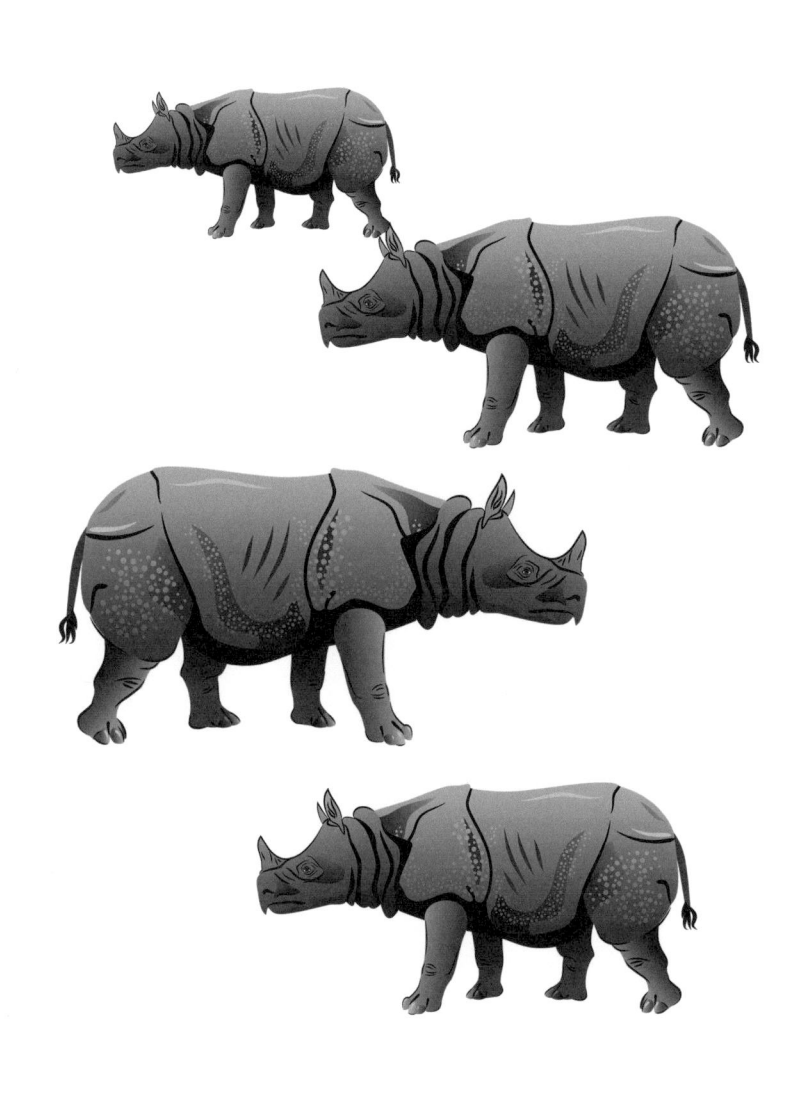

וְגַם הַרְבֵּה קַרְנַפִּים.

לְיַד הַמַּיִם,
עָמִית רָאָה תַּנִּין.

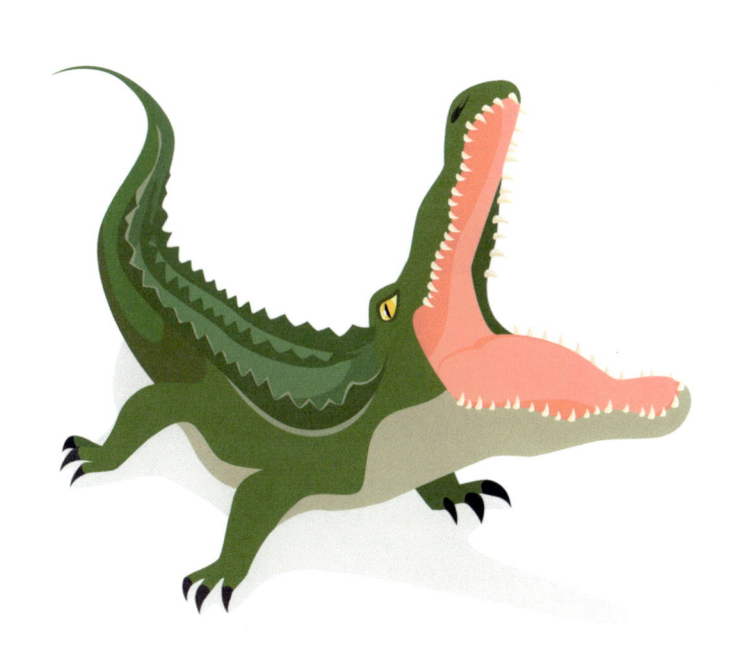

הַתַּנִּין פָּתַח אֶת הַפֶּה
וְעָמִית רָאָה אֶת הַשִּׁנַּיִם.

אַחַר כָּךְ, עָמִית רָאָה פִּיל

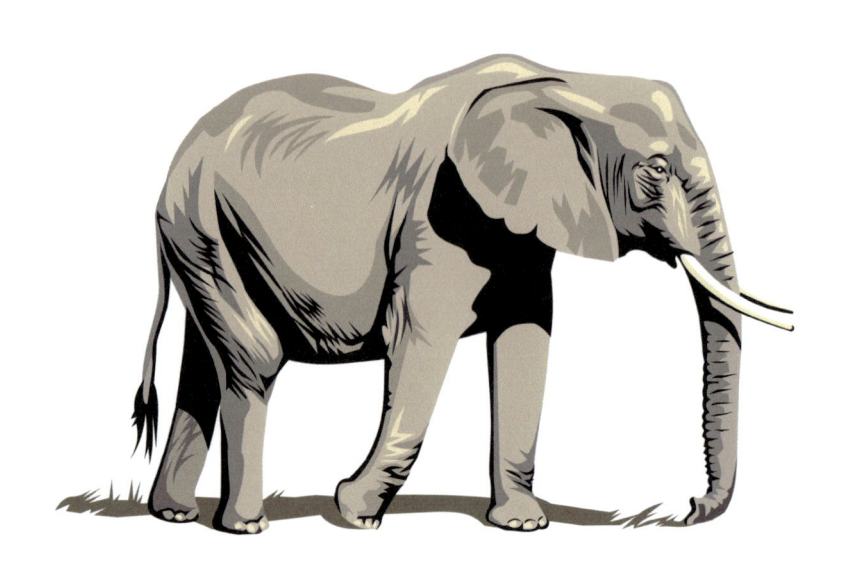

וְגַם צִ'יטָה שֶׁרָצָה מַהֵר.

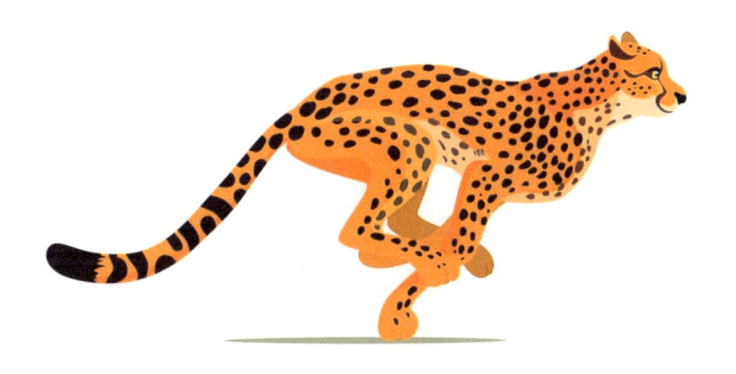

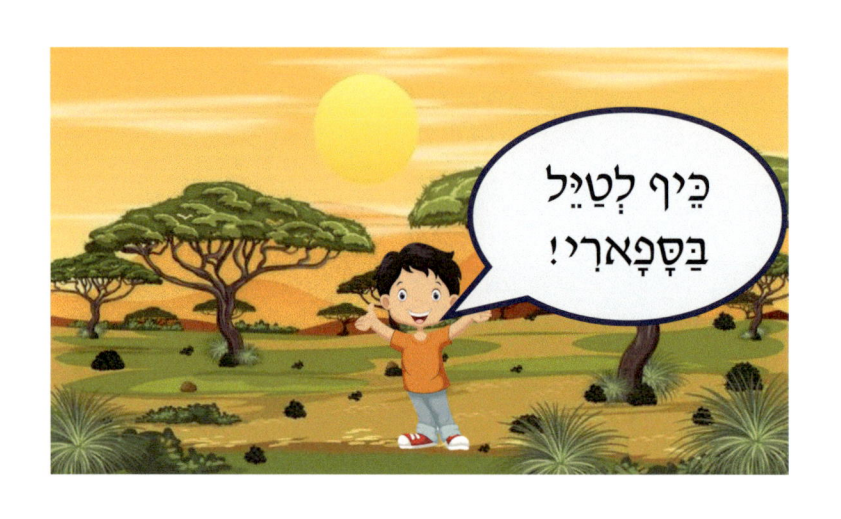

עָמִית אָמַר:
"כֵּיף לְטַיֵּל בַּסָּפָארִי!"

מִילִים חֲדָשׁוֹת

עָמִית	סֶלַע	שְׁנַיִם
בִּקֵּר	גִ׳ירָפָה	אַחַר כָּךְ
סָפָארִי	עֵץ	פִּיל
רֶכֶב	זֶבְּרָה	צִ׳יטָה
הַרְבֵּה	קַרְנַפִּים	שֶׁ-
בַּעֲלֵי חַיִּים	תַּנִּין	מַהֵר
אַרְיֵה	פֶּה	לְטַיֵּל

הַגַּנָּן

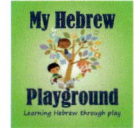

זֶה אֵלִי הַגַּנָּן.

אֱלִי עָבַד בַּגִּנָּה.

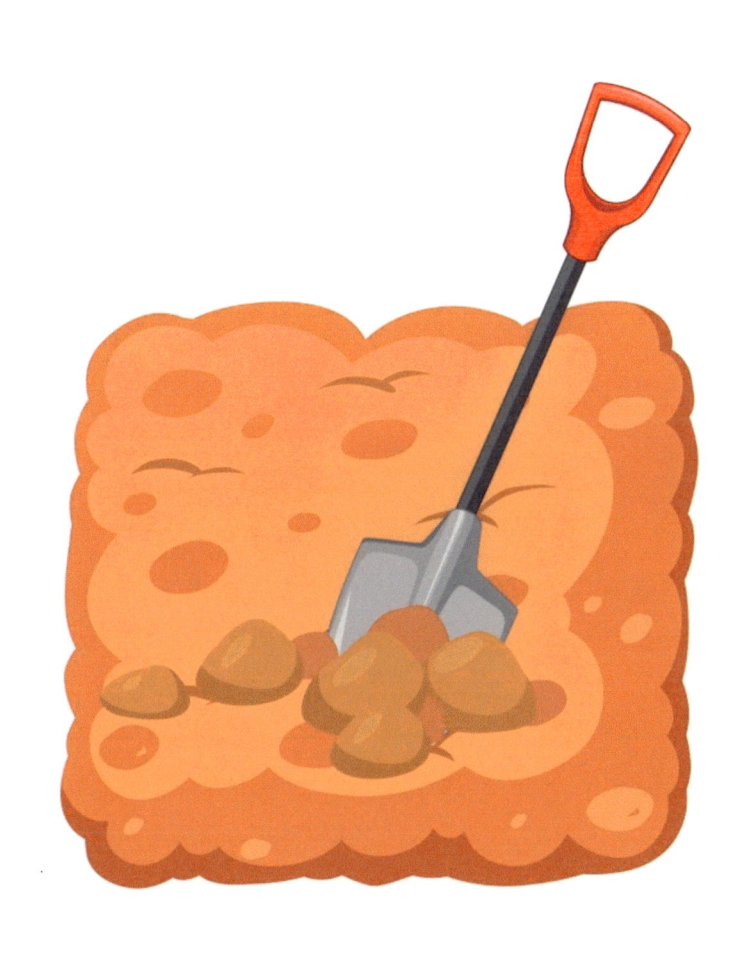

אֱלִי חָפַר בָּאֲדָמָה.

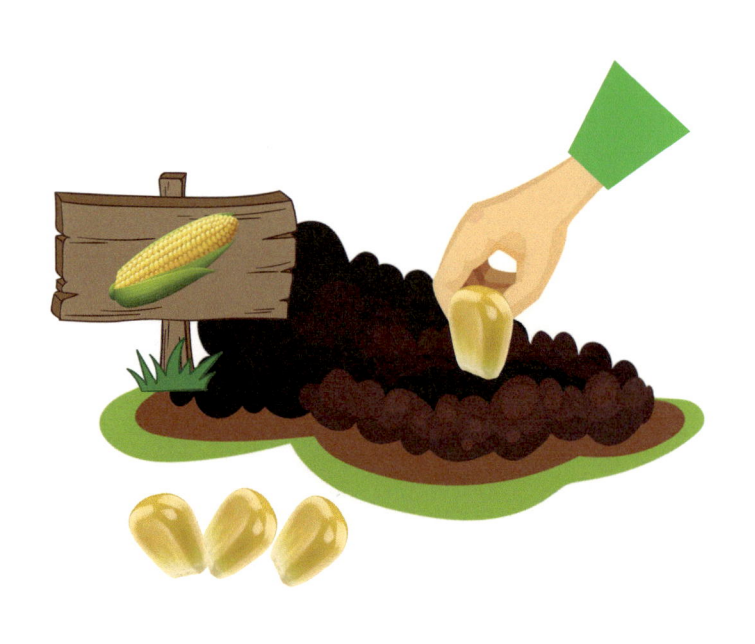

אֱלַי זָרַע
זְרָעִים שֶׁל תִּירָס.

אֵלִי זָרַע גַּם
זְרָעִים שֶׁל גֶּזֶר.

אֱלַי הִשְׁקָה אֶת הָאֲדָמָה.

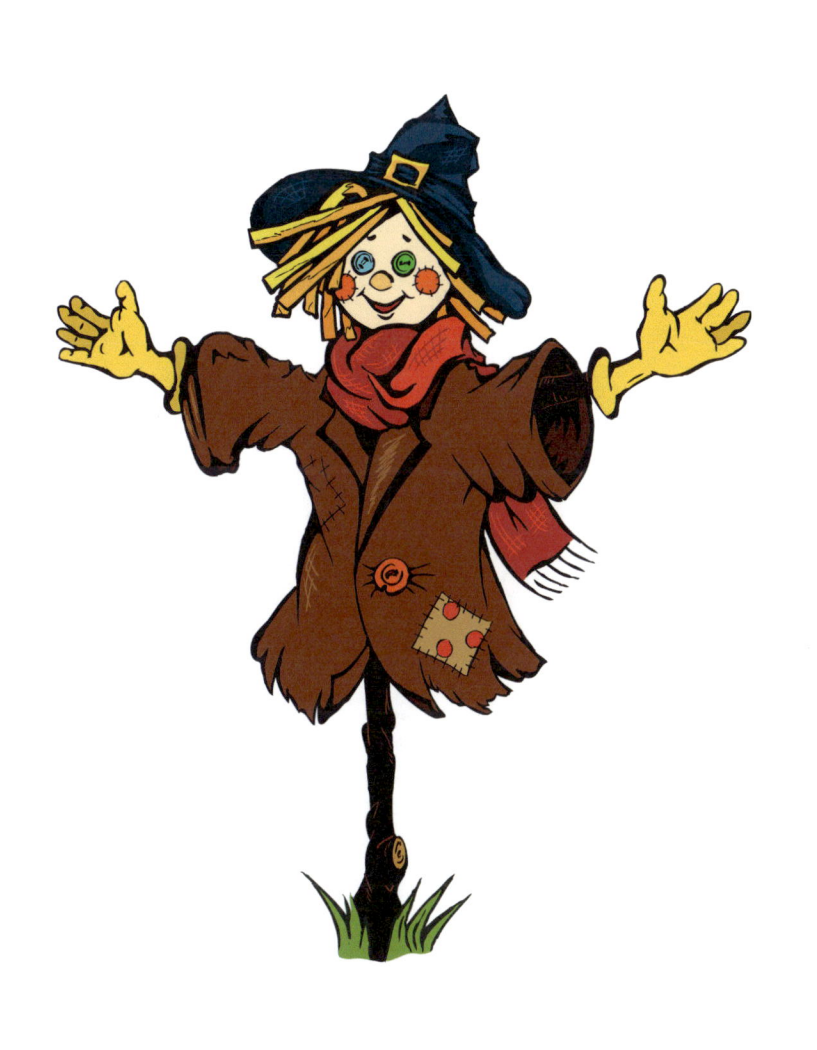

אֱלִי בָּנָה דַּחְלִיל.

אֵלִי הֶעֱמִיד אֶת
הַדַּחְלִיל בַּגִּנָּה.

עָבַר זְמַן.

גָּדַל הַתִּירָס.

גָּדַל גַּם הַגֶּזֶר.

אֱלִי הַגַּנָּן שָׂמֵחַ!

מִילִים חֲדָשׁוֹת

אֵלִי	זְרָעִים	הִשְׁקָה
גַּנָּן	שֶׁל	דַּחְלִיל
חָפַר	תִּירָס	הֶעֱמִיד
זָרַע	גֶּזֶר	

פַּארְק הַמַּיִם

My Hebrew Playground
Learning Hebrew through play

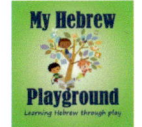

הָיָה חַם.

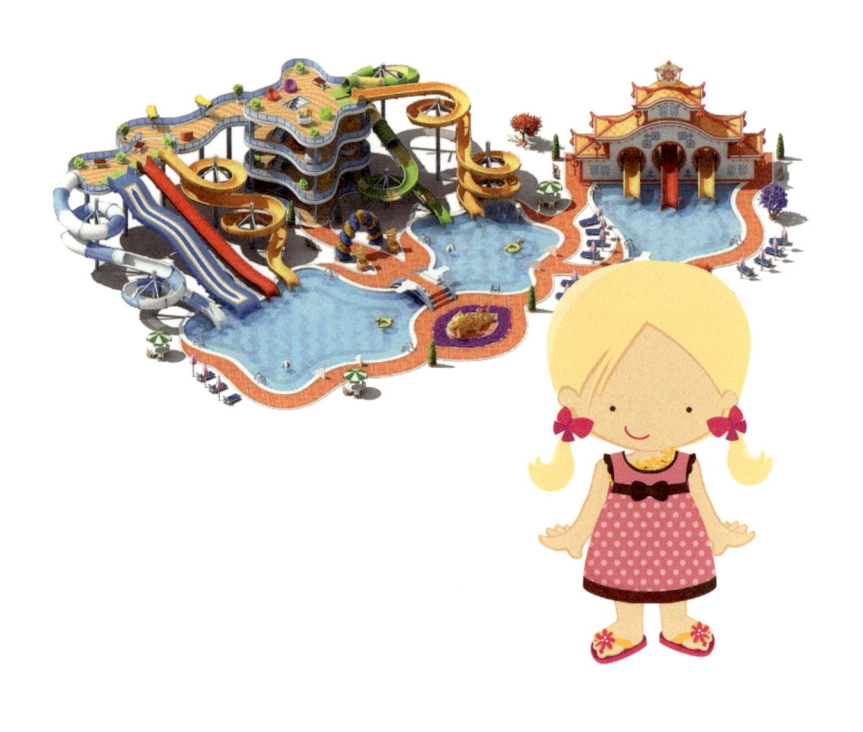

אֵלָה הָלְכָה לַפַּארְק מַיִם.

אֵלָה לָבְשָׁה בֶּגֶד יָם.

אֵלָה לָקְחָה מַיִם.

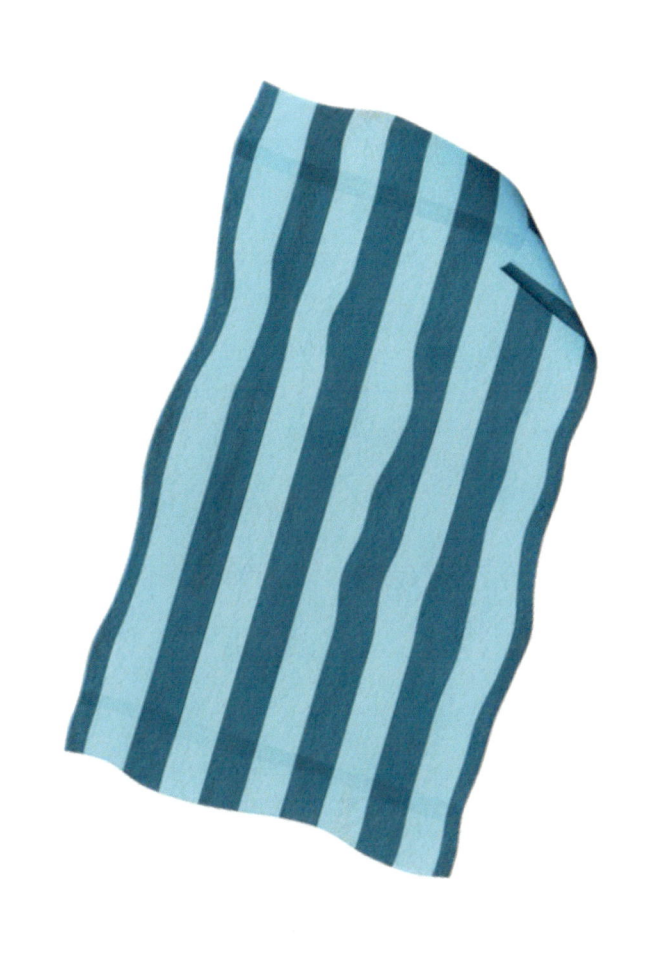

אֵלָה לָקְחָה גַּם מַגֶּבֶת.

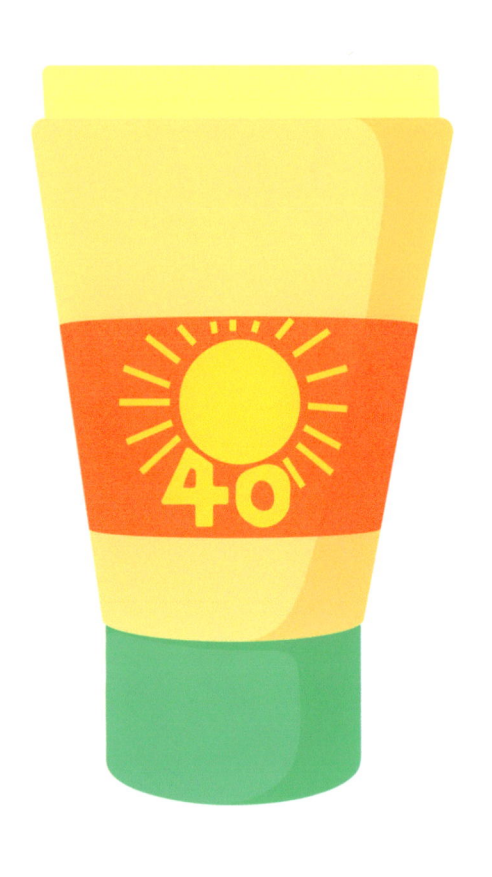

אֱלָה מָרְחָה מְקַדֵּם הֲגַנָּה.

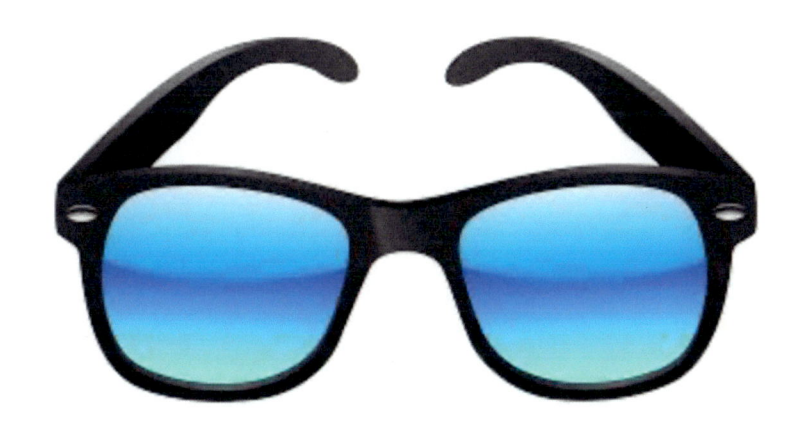

אֱלָה הִרְכִּיבָה מִשְׁקְפֵי שֶׁמֶשׁ.

אֵלָה שָׂחֲתָה בַּבְּרֵכָה.

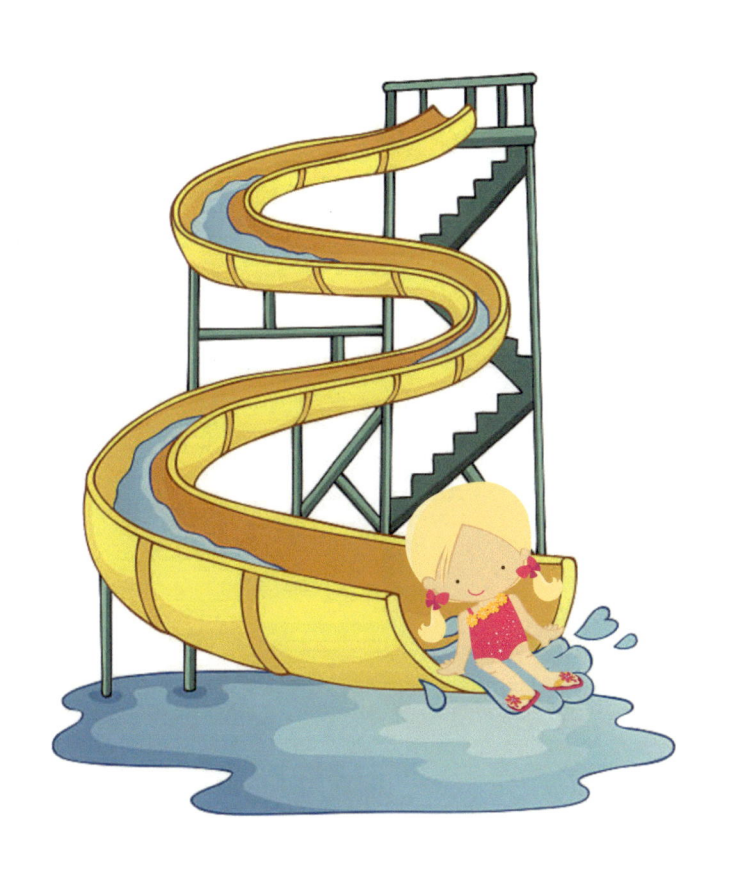

אֶלָה הִתְגַּלְּשָׁה
בְּמַגְלֵשַׁת מַיִם.

אֵלָה אָכְלָה אַרְטִיק טָעִים.

הִגִּיעַ הָעֶרֶב.
הַשֶּׁמֶשׁ שָׁקְעָה.

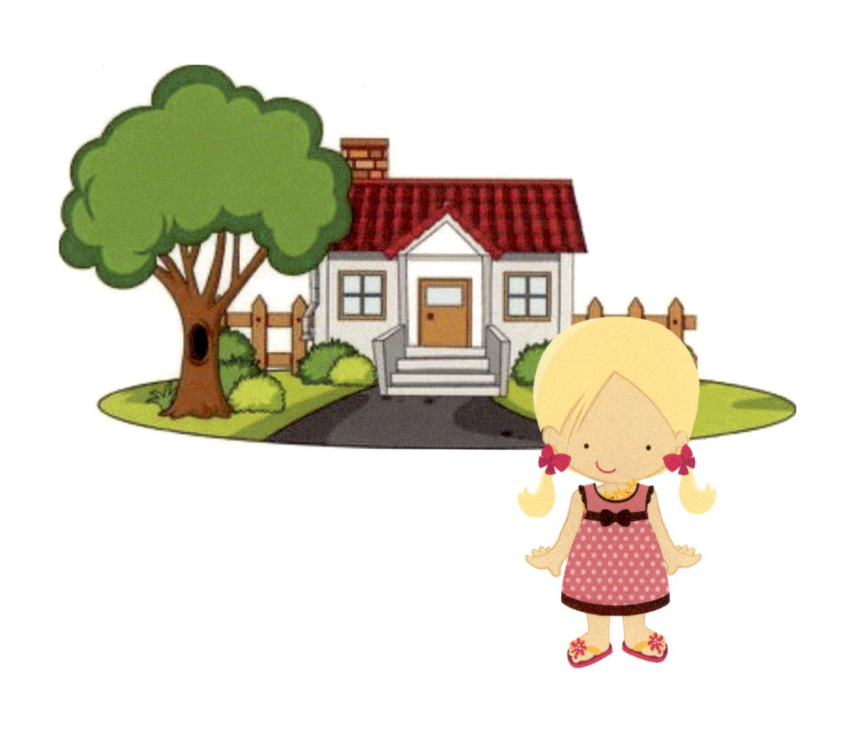

אֶלָה הַבַּיְתָה חָזְרָה.

מִילִים חֲדָשׁוֹת

אֵלָה
פַּארְק
לָבְשָׁה
בֶּגֶד יָם
מַגֶּבֶת
מָרְחָה

מְקַדֵּם הֲגַנָּה
הִרְכִּיבָה
מִשְׁקְפֵי שֶׁמֶשׁ
שָׂחֲתָה
בְּרֵכָה
הִתְגַּלְּשָׁה

מַגְלֵשַׁת מַיִם
אַרְטִיק
עֶרֶב
שֶׁמֶשׁ
שָׁקְעָה

Made in United States
Troutdale, OR
08/21/2023

12240650R00050